DAS MÄRCHEN VON DER UNGEHORSAMEN

ADELI-SOFI

UND IHRER FURCHTBAREN BEGEGNUNG MIT DEM WASSERMANN

VON BJÖRN GRAF VON ROSEN

Aus dem Schwedischen von Birgitta Wolf, geb. von Rosen

ATLANTIS-KINDERBÜCHER BEI PRO JUVENTUTE

Es wohnte einst in einem fernen Land
ein kleines Mädchen, das sehr niedlich war,
die Bäckchen waren rot, braun war die Hand,
die Augen wasserblau und hell das Haar.
Doch mit Bedauern muß ich euch gesteh'n:
so brav wie ihr, das war sie leider nie!
Zwei Hunde sah man immer mit ihr geh'n,
mit Namen hieß sie Adeli-Sofi.

„Geh jetzt zu Müllers Hof und spiel im Sand",
die Mutter sprach's zu Adeli-Sofi,
„doch was auch sei, so gehe nicht zum Strand
– das dürfen Kinder ohne Mutter nie!"
Mit Eimerchen und Schaufel in der Hand
rief Adeli-Sofi die Hündchen her;
denn Essan tollte gar zu gern im Sand,
und Tobby liebte dumme Streiche sehr.

Den Weg zu Müllers wußte sie genau,
stolz trabte Adeli-Sofi voraus,
die Sonne stand im lichten Himmelsblau,
und es war weit zu Müllers weißem Haus.
Der Tag war heiß, warm wehte Sommerwind,
stark stieg der Duft von Heu und Wiesenklee,
da dachte Adeli-Sofi: „Geschwind,
wir laufen heimlich jetzt zur kühlen See!"

Hier siehst du, wie sie fröhlich sitzt und gräbt,
mit ihrer Schaufel in der kleinen Hand,
und Essans Schwanzstumpf vor Erregung bebt,
als sie mit Tobby wühlt im warmen Sand.
„So", denken alle drei, „zu spät ist's nun,
jetzt gibt's auf alle Fälle auf den Po,
wir möchten auch mal was Verbot'nes tun,
nur Ungezogensein macht richtig froh."

Da kam – o Schreck – der alte Wassermann
und griff mit seiner schuppig-grünen Hand
die Adeli-Sofi und zog sie dann
zu sich herunter von dem Spiel am Strand.
Rumps – plumps! – verschwand sie in der Meeresweite,
und auf dem Wasser blieb allein ein Ring.
Jetzt dreh das Blatt um, denn die nächste Seite
wird dir erzählen, wie es weiterging.

Tief durch des Meeres nasse, blaue Wogen
ward nun die Adeli-Sofi gezogen.
Das Wasser schimmerte in Blau und Grün,
doch Adeli-Sofi war nicht mehr kühn.
Es war vorbei mit ihrem großen Mut,
– denn nun – sie war vom Wassermann gefangen:
„Unfolgsamkeit tut leider selten gut,
ach, wär' ich doch zu Müllers hingegangen!"

Im tiefen Meere ist es kühl und schaurig,
dorthin dringt nie ein warmer Sonnenstrahl,
für einen Menschen ist dies trüb und traurig,
doch angenehm für Hummer, Barsch und Aal.
Hier blieb der Wassermann, bestellte Wein
bei einem Dienerfisch und schenkte ein,
erhob sein Glas und sprach: „Sei nicht erbost,
ich bin ein lieber alter Onkel. Prost!"

„Willkommen seist du, liebes Kind, bei mir,
fühl dich recht wohl in meinem Meereshaus!
Mit Flundern decken wir die Betten hier,
und Kaviar erhältst du nun zum Schmaus.

Du bleibst bei mir im Meer jetzt statt auf Erden,
recht gute Freunde wollen wir bald werden."
So sprach der Wassermann froh wie noch nie,
doch gar nichts sagte Adeli-Sofi.

Jetzt kamen viele bunte Fische an
und grüßten freundlich, höflich und adrett
den kleinen Menschengast des Wassermann
– doch Adeli-Sofi war gar nicht nett,
die ganze Zeit sie stumm zu Boden sah,
der alte Barsch stand ganz betroffen da,
und auch der Wassermann war sehr erstaunt
und dachte: „Sie ist heute schlecht gelaunt."

So setzte sich der alte Wassermann
und spielte leise Harfe für das Kind,
so zauberschön, wie er nur spielen kann,
von Wellentanz und sanftem Säuselwind.
Er sang das Lied der Einsamkeit im Meer,
und traurigschön war seine Melodie,
die Harfentöne klangen sehnsuchtsschwer
– doch still und stumm blieb Adeli-Sofi.

Tief seufzend schließlich sprach der Wassermann:
„Für die Musik bist du wohl noch zu dumm,
das ist sehr schade, denn nur selten kann
ich spielen vor so feinem Publikum.

Schön, aber einsam ist es leider hier,
ich bin wohl mächtig, aber sehr allein,
sei du ein bißchen nett und sprich mit mir!"
Da sprach sie endlich – doch das Wort war: „Nein!"

Ganz streng und böse schaute sie ihn an
(sein schöner Schnurrbart wurde glatt vor Schrecken!)
und furchtbar schreiend rief sie wütend dann:
„Ich mag dich nicht und deine Flunderdecken!"
Sie schrie so schrecklich laut, daß all sein Mut
verschwand, und ganz erschrocken wich er aus,
in seine Nase schoß vor Angst das Blut
bei ihrem Mordsgebrüll: „Ich will nach Haus!!!"

Sie öffnete den Mund und schrie und schrie,
und schreien konnte Adeli-Sofi!
Sie hatte es schon oft geübt zu Haus
und brachte jetzt die höchsten Töne 'raus.
„So hör doch endlich auf, du böses Mädel",
verzweifelt rief's der alte Wassermann,
„hör auf, denn sonst zerspringt mein armer Schädel!"
Doch dies Gebrüll jetzt nichts mehr stören kann.

„Ach", sprach er endlich, „liebes Kind, sei still!
Ich halt' es keinen Augenblick mehr aus!
Ich habe jetzt genug von dir und will
dich gar nicht mehr – du darfst zurück nach Haus!"
Erstaunlich schnell verstummte das Geschrei,
und Hand in Hand, so einig wie noch nie,
schwamm an den kleinen Fischen schnell vorbei
der Wassermann mit Adeli-Sofi.

Die Hunde saßen immer noch am Strand
und heulten kläglich schon seit vielen Stunden.
Jetzt tobten sie vor Freude wild im Sand,
weil ihre Herrin wieder heimgefunden!
Da freute Adeli-Sofi sich sehr
und streichelte die treuen Kameraden.
Ganz aufgeregt sprach Essan: „Niemals mehr
darfst du allein so furchtbar lange baden!"

Und ganz zufrieden machten sie sich dann
so schnell wie möglich auf den Weg nach Haus.
von Adeli-Sofi das Wasser rann,
das schöne Kleid sah einfach schrecklich aus!
Vor lauter Kälte klapperten die Zähne,
das Haar hing wirr wie eine nasse Mähne.
Die arme Mutter vor Entsetzen schrie,
als sie erblickte Adeli-Sofi.

Sofort bekam sie jetzt ein warmes Bad
und einen großen Löffel Arzenei,
die roch nicht gut und schmeckte scheußlich fad,
doch herrlich mundete der Haferbrei.
Denn plötzlich fühlte sie: ihr Bauch war leer,
sie aß drei Teller voll und bat um mehr!
Dicht neben ihrem Stuhl sich Tobby rollte
und hoffte, daß was übrigbleiben sollte.

Nun war sie endlich fertig für die Nacht,
das warme Bett erwartete sie schon,
auch Tobby hatte sich zurechtgemacht,
da sprach das Kind in einem ernsten Ton:
„Geh gern zu Müllers Hof und spiel im Sand,
doch was auch sei, so gehe nicht zum Strand,
das dürfen Hündchen ohne Mutter nie!
Vergiß das nicht!" sprach Adeli-Sofi.

Und weil das Buch nun hier beendet ist,
so suchen wir zum Schluß noch die Moral,
ich denke, daß auch du zufrieden bist
mit meiner reiflich überlegten Wahl.
Schau:
Wenn man nur genügend schreien kann,
setzt man sich durch – auch bei dem Wassermann.

Björn Graf von Rosen

Geb. 25.10.1905 in Rockelstad, Helgesta (Schweden). Graf von Rosen, seit 1978 Dr. h.c. der Universität Uppsala, ist in Schweden als Schriftsteller und Illustrator bekannt. Sein literarisches Debüt gab er im Jahre 1927 mit der Gedichtsammlung «Den leende faunen» (Der lächelnde Faun), als Künstler trat er 1933 zum ersten Mal mit Graphik in Stockholm in Erscheinung.
Das von ihm selbst illustrierte Buch «Gröna Kammarn» (Die grünen Kammern, 1940) ist ein Klassiker nordischer Naturschilderung, scharf in der Beobachtung und poetisch im Umgang mit den Einwohnern. Dieselbe Meisterschaft findet man in den Essaysammlungen «Ekot av ett horn» (Des Hornes Echo, 1965) und «Minnen från vidden» (Erinnerungen an die Weiten, 1973).
Neben seinen kunsttheoretischen und -geschichtlichen Arbeiten gewann von Rosen auch als Lyriker immer mehr Ansehen: «Grå fågel» (Grauer Vogel, 1960), «Rörliga bilder» (Bewegliche Bilder, 1977) und «Iakttagelser» (Beobachtungen, 1981). In einer Reihe aufsehenerregender Gedichtsammelmappen hat er die Jahre hindurch subtile Sondierungen in den rätselhaften Grenzgebieten zwischen Phantasie und Wirklichkeit unternommen. In dem 1964 zusammen mit Nobelpreisträger Harry Martinson herausgegebenen «Bestiarium» nehmen phantastische Tiere Gestalt an, mit Zärtlichkeit und Humor geschildert. Bis heute erschienen 22 Werke, darunter 1985 «Smalade berättelser» (Gesammelte Erzählungen).

2. Auflage 1994

ISBN 3 7152 0133 9

Birgitta Wolf, geb. von Rosen

Geb. 4.2.1913 in Rockelstad, Helgesta (Schweden). Birgitta Wolf, Schwester des Autors und Illustrators Björn Graf von Rosen, heiratete 1933 nach Deutschland. 1935–1945 gelangen ihr Hilfsaktionen in deutschen Gefängnissen, im Internierungslager für Amerikaner und im Aussenlager KZ Dachau.
Ab 1954 widmete Birgitta Wolf ihr Leben den Strafgefangenen und Entlassenen, zuerst den Jugendlichen, dann auch den Erwachsenen. Sie besuchte zahlreiche Gefängnisse, vor allem in Europa. Briefwechsel mit 320 Anstalten, Teilnahme an UNO-Kongressen, Vorträge an Volkshochschulen und Universitäten, Reformvorschläge für den Strafvollzug, zahlreiche Radio- und Fernsehberichte weisen sie als Expertin und unermüdliche Kämpferin in der Straffälligenhilfe aus.
Am 29. Juli 1985 erhält Birgitta Wolf das Verdienstkreuz 1. Klasse des Verdienstordens der Bundesrepublik Deutschland, auf Initiative und unterzeichnet vom Bundespräsidenten Dr. Richard von Weizsäcker.

Zur Geschichte des Buches

Dem Verlegerehepaar Bettina Hürlimann und Dr. Martin Hürlimann gelang es 1944 «Adeli-Sofi» im Atlantis Verlag Berlin herauszubringen. Sofort bei Erscheinen wurde die gesamte Auflage von der Reichsschrifttumskammer beschlagnahmt. Nach Auskunft von Birgitta Wolf, geb. von Rosen, stuften die Nazi-Bürokraten das Buch als «entartete Kunst» ein. Zum Glück konnten einige wenige Exemplare nach Zürich gerettet werden. Die Originalillustrationen gingen vermutlich in Berlin oder in Freiburg i. Br. bei der Vernichtung der Verlagsarchive verloren. Schon 1936 gründete Dr. Martin Hürlimann eine selbständige Atlantis Verlag AG in Zürich, da die Produktion in Deutschland von der Zensur immer stärker behindert wurde.